PETIT
VADE-MECUM

DE

L'Habitant de Saint-Malo

OU

CODE DES LOIS DE POLICE LOCALE

REFONDUES

M. P. FOLLEN étant Maire

1886

SAINT-MALO

IMPRIMERIE DU COMMERCE, Y. BILLOIS

Prix : 25 centimes

IMPRIMERIE du COMMERCE

(Imprimerie du Vieux Corsaire)

SAINT-MALO — Rue Robert-Surcouf — SAINT-MALO

Yves BILLOIS

Ancien Prote, a Saint-Servan, de M. J. Haize

Typographie — Lithographie

Affiches — Cartes de visite et d'adresse —
Factures réglées — Catalogues — Prospectus —
Prix-Courants — Têtes de lettres — Livres —
Palmarès — Brochures — Bons à souche — Enveloppes bulle imprimées — Certificats de vie
pour pensions civiles et militaires, rentes viagères
et la Légion d'honneur — Mémoires pour budget
de la ville — **Lettres de faire part de
mariage, naissance, décès et de no-
mination — Billets de mort (Moulés)**
Spécialité d'étiquettes pour pharmaciens et né-
gociants en vins — Chèques — Mandats — Eti-
quettes pendantes en parchemin, œillet métallique
— Cartes et Enveloppes funéraires — Choix
très varié de cartes pour menus, invitations à
dîner, soirée et chasse — Carnets de bal — Cartes
faire part de mariage et Cartes de visite riches
— Souvenirs de communion, etc., etc.

VILLE DE SAINT-MALO

—ooᴏᴏoo—

RÈGLEMENT GÉNÉRAL
De Police

Lᴇ Mᴀɪʀᴇ ᴅᴇ ʟᴀ Vɪʟʟᴇ ᴅᴇ Sᴀɪɴᴛ-Mᴀʟᴏ,

Vu les lois des 14-22 décembre 1789 ; 16-24 août 1790 ;

Vu l'article 471 § 15 du Code Pénal,

Vu la loi du 5 avril 1884,

Considérant qu'il importe de réviser les anciens règlements relatifs au nettoiement et à la salubrité, afin de les mettre en harmonie avec les nouvelles mesures adoptées, comme aussi de publier à nouveau les dispositions qui n'ont subi aucun changement, afin de rappeler les habitants à leur exacte observation.

Ⓒ

ARRÊTE :

TITRE Ier. — Propreté de la voie publique

Art. 1er. — Il est interdit de déposer les immondices provenant de l'intérieur des habitations, sur le sol des rues, places, passages, rampes et ruelles compris dans l'enceinte de la ville, ainsi que sur les quais et la chaussée du Sillon et les rues qui l'avoisinent.

Ces immondices seront versées directement par les habitants dans les tombereaux de nettoiement ou déposées par eux dans des seaux ou caisses placés à l'intérieur des allées ou sur les trottoirs, à côté de la porte d'allée.

Lorsque les habitants choisiront ce dernier mode, ils devront faire usage de seaux en métal ou de caisses en bois munies d'anses, d'une capacité suffisante pour les besoins de la maison, mais qui ne pourra excéder celle de 50 litres. Le contenu de ces seaux ou caisses sera versé dans les tombereaux par les agents du service du nettoiement.

Art. 2. — Les seaux ou caisses devront être apportés par les habitants au premier son de la cloche qui annoncera le passage des tombereaux et enlevés dans le délai d'un quart d'heure après le passage.

Art. 3. — Il est défendu d'entreposer sur quelque partie que ce soit de la voie publique, des verres cassés, des débris de bouteilles ou de vaisselle, des cendres, des machefers et généralement aucun objet quelconque qui serait de nature à embarrasser la circulation ou à causer des accidents, soit aux personnes, soit aux animaux.

Art. 4. — Il est interdit de jeter ces tessons de bouteilles, verres cassés, débris de porcelaine, etc., dans les boîtes contenant les débris de cuisine. Ils devront être déposés dans des boîtes particulières qui seront placées par les habitants aux portes d'allées pour être vidées lors du passage des tombereaux à ce destinés, lesquels parcourront la ville le samedi de chaque semaine, de 3 à 5 heures du soir pour recueillir ces débris.

Art. 5. — Les habitants du rez-de-chaussée sont tenus de balayer chaque jour et même deux fois s'il est nécessaire, le devant de leurs maisons, écuries ou autres bâtiments, cours et emplacements quelconques joignant les rues et places publiques ; les boues et immondices provenant de ce balayage seront déposées en tas au bord des ruisseaux, de façon à ne pas empêcher l'écoulement des eaux, et non point jetés en avant dans la rue.

ART. 6. — Les ruisseaux doivent être également tenus purgés et balayés par les habitants.

Lors de l'ouverture des bouches d'arrosage, les habitants du rez-de-chaussée devront balayer devant leur magasin dans toute son étendue. En temps de neige ou glace ils sont tenus de balayer et entasser la neige, de casser et entasser la glace et de jeter sur le verglas des cendres, du sable ou du gravois.

Cette obligation s'étend, dans tous les cas, jusqu'au milieu des rues, et sur les places jusqu'à une distance de 3 mètres des habitations.

ART. 7. — Il n'est permis de déposer dans les rues aucunes neiges ou glaces provenant des cours ou de l'intérieur des habitations, à moins qu'il n'y ait un volume d'eau courante assez considérable pour les entraîner de suite dans les égouts de la ville.

ART. 8. — Toutes personnes qui auront fait fendre du bois, ou qui auront déposé sur la voie publique des fumiers ou autres choses quelconques laissant des traces après l'enlèvement, seront tenues de balayer ou faire balayer et enlever sur le champ les débris.

Le nettoiement de la voie publique où il aura été fait de semblables dépôts, sera fait d'office et aux frais des contrevenants si les précautions prescrites n'ont pas été prises convenablement.

ART. 9. — Défenses sont faites aux étalagistes des divers marchés de jeter sur la voie publique des débris quelconques de viandes, poissons, légumes, fruits, fleurs, plantes et autres objets qu'ils exposent en vente.

Ces débris ou épluchures devront être réunis dans des caisses dont chaque étalagiste aura soin d'être pourvu, et seront versés tous les jours dans les tombereaux de nettoiement au moment de leur passage, à la fin de chaque marché.

Il est de nouveau enjoint à chaque étalagiste

de balayer, laver et maintenir constamment propre la place qu'il occupe.

ART. 10. — Il est expressément défendu aux bouchers, charcutiers, tripiers et marchands de volailles, de déposer et verser dans les cours et sur la voie publique, les excréments et le sang des animaux qu'ils tuent. Ces dépouilles excréments et sang, devront par eux être versés dans les tombereaux de nettoiement au moment de leur passage.

ART. 11. — Il est défendu de jeter ou laisser couler dans les ruelles d'entre les maisons, autre chose que des eaux ménagères et il est d'obligation expresse à tous les locataires dont les eaux s'écoulent dans les dites ruelles de les tenir en bon état de propreté sous leur responsabilité solidaire.

ART. 12. — Défenses sont faites et réitérées aux habitants de jeter par les fenêtres, dans les rues et cours, tant de jour que de nuit, aucunes eaux propres ou sales, urines, matières fécales, gravois et ordures de quelque nature que ce soit.

Il est également défendu de faire ou battre des matelas, de battre ou nettoyer des tapis et autres meubles dans les rues, places, quais, passages et promenades publics, sauf autorisation spéciale ; de s'y livrer à toutes autres opérations pouvant occasionner de la poussière et incommoder les voisins ; d'y faire des étendages ou entrepôts de vieux chiffons, débris et objets quelconques pouvant choquer la vue ou l'odorat, blesser la décence ou devenir une cause de malpropreté.

ART. 13. — Il est défendu de faire sécher du linge, fils ou étoffes sur des cordes attachées en dehors des fenêtres ou de toute autre manière donnant sur la voie publique, ainsi que dans les squares et sur les quais de la ville.

ART. 14. — Il est défendu de faire sécher de la morue ou tout autre poisson en ville, sur les quais, les murs et la chaussée, ainsi que sur les gouttières ou les terrasses des habitations.

ART. 15. — Il est de nouveau fait défense à toute personne de laver du linge, des voitures et autres objets aux fontaines et bornes-fontaines publiques, d'y rincer des tonneaux, bennes et autres vases, et d'altérer de quelque manière que ce soit la limpidité des eaux des dites fontaines.

Il est pareillement défendu de laisser sous le jet des fontaines des seaux, cruches, baquets et autres vases ou récipients, comme aussi d'arrêter dans les ruisseaux le cours des eaux par des barrages ou par tout autre moyen.

Défense expresse est faite à toute personne de toucher en aucune manière aux appareils des fontaines et des bouches d'arrosage et d'incendie.

Il est interdit de prendre, aux bornes-fontaines et fontaines publiques, de l'eau pour la marine ou pour fabriquer le mortier, à moins, pour ce dernier cas, d'une autorisation expresse.

TITRE II. — Sûreté

Encombrement de la voie publique, circulation des voitures et charrettes.

ART. 16: — Il est d'obligation expresse à toutes personnes qui travailleront ou feront travailler sur les maisons ou édifices quelconques de laisser pendre un triangle en latte à deux mètres du sol de la rue et écarté d'un mètre de l'aplomb du mur, afin de prévenir les accidents. Les curailles et décombres seront descendus dans un panier et ne pourront jamais être jetés du haut des étages sur la voie publique. On ne pourra barrer une rue et placer une enceinte qu'après en avoir obtenu l'autorisation de l'administration municipale qui fixera l'espace de terrain à barrer ou entourer.

ART. 17. — Les décombres, gravois et autres matériaux provenant des démolitions devront être enlevés, dans le jour, par les entrepreneurs, maçons, plâtriers et autres qui les auront fait déposer sur la voie publique, en se conformant d'ailleurs aux règlements de voirie Les emplacements qu'occupaient ces décombres devront toujours être arrosés et balayés avec soin.

ART. 18. — Il est absolument défendu de laisser stationner sur la voie publique des voitures, charrettes ou tombereaux, si ce n'est pendant le temps du chargement et déchargement, et dans ce cas les roues devront être enrayées avec soin; les bêtes de trait seront attachées de façon à ne pas empêcher la circulation sur les trottoirs.

ART. 19. — Il est d'obligation expresse d'éclairer convenablement pendant toute la nuit toutes espèces de voitures, charrettes, tombereaux, enceintes, matériaux, gravois, décombres, excavations, etc., et tous objets quelconques laissés ou déposés sur la voie publique.

ART. 20. — Toutes les voitures ou charrettes chargées de fourrages, bois, fumiers et autres objets susceptibles de blesser les passants ou de salir les rues en tombant, devront toujours être garnies de ridelles, de façon à contenir le chargement, et les conducteurs devront enlever immédiatement les débris qui se répandraient sur la voie publique.

ART. 21. — Les charretiers et voituriers devront, dans les rues et places dont la pente est rapide, enrayer les roues, de manière à pouvoir se rendre maîtres de leurs charrettes ou voitures et de leur attelage.

ART. 22. — Il est défendu de conduire dans les rues, places ou passages publics plus de trois chevaux à la fois, y compris celui de monture ou d'attelage, d'en tenir plus de deux de front et de les faire marcher à une allure plus vive que le trot, en ville, sur les chaussées et les quais ; les chevaux non attelés ne devront aller qu'au pas dans la ville.

ART. 23. — Tout conducteur de voitures, charrettes ou tombereaux devra être âgé de 16 ans au moins.

TITRE III. — Salubrité, Vidange

ART. 24. — Il est interdit d'uriner dans les rues, places, promenades, cours, allées et partout ailleurs qu'aux urinoirs publics, ainsi que de laisser faire par ses enfants ou autres personnes à sa charge ou à sa garde, des ordures sur la voie publique.

ART. 25. — Il est défendu de faire la vidange d'une fosse d'aisances sans en avoir fait préalablement la déclaration au bureau de police en indiquant le moment où l'opération devra commencer et sans avoir prévenu les propriétaires et locataires des maisons voisines.

Avant de commencer la vidange, il sera procédé à la désinfection complète des matières contenues dans la fosse, sauf le cas où la vidange serait faite à l'aide des appareils inodores.

Art. 26. — La vidange et le transport des matières ne pourront avoir lieu que de nuit, dans des vases bien clos et construits de manière à ne laisser couler aucune partie du liquide qu'ils doivent contenir. Les opérations ne pourront commencer avant 11 heures du soir ni se continuer au-delà de 4 heures du matin du 1er avril au 30 septembre ; et du 1er octobre jusqu'au 31 mars avant 10 heures du soir pour finir à 5 heures du matin.

Art. 27. — Après l'opération de la vidange, les vidangeurs devront fermer complètement la fosse, en laver et nettoyer soigneusement les bords ainsi que les endroits où ils auraient laissé des traces de leur passage, et ne pourront y laisser aucun des ustensiles qui auront servi aux opérations ou au transport.

Art. 28. — Les propriétaires ou possesseurs de fosses d'aisances dont la vidange aura été effectuée, sont responsables des contraventions encourues par les vidangeurs, sauf leur recours contre ceux-ci.

ART. 29. — Les latrines portatives dites canots ou pots d'aisances, ne pourront sous aucun prétexte, être vidées dans les grèves, latrines publiques ou partout ailleurs sur la voie publique ; elles seront portées bien fermées, au dépotoir établi près la porte des Champs-Vauverts où elles seront vidées.

ART. 30. — Le transport et la vidange de ces ustensiles auront lieu : du 1er mai au 30 septembre le matin seulement avant 6 heures et du 1er octobre au 30 avril à partir de 8 heures du soir, le transport devant être terminé en cette saison avant 7 heures du matin.

ART. 31. — L'établissement de fumiers contre la voie publique est interdit. Dans les cours intérieures les fumiers d'écurie peuvent être tolérés à la condition : 1° de ne jamais être mélangés de matières fécales ou animales; 2° d'être enlevés tous les huit jours et avant 7 heures du matin du 1er avril au 30 septembre et tous les quinze jours avant 8 heures du matin, du 1er octobre au 31 mars.

TITRE IV. — Propreté des habitations

Art. 32. — Les habitants de chaque maison sont tenus de maintenir leurs appartements et dépendances dans le plus grand état de propreté. Ils devront faire balayer au moins deux fois par semaine l'allée, l'escalier et la cour dans toute leur étendue.

Art. 33. — Aucun dépôt de volailles, pigeons, lapins, porcs, chèvres, etc., ne pourra être toléré dans l'intérieur de la ville, à moins que ces dépôts ne soient établis dans des bâtiments séparés des habitations, de sorte que les voisins ne soient incommodés ni par la mauvaise odeur ni par le bruit. Il est absolument défendu d'élever aucun de ces animaux dans les étages supérieurs, rez-de-chaussées ou caves des habitations.

Art. 34. — Il est enjoint à tout propriétaire dont la maison ou le corps de bâtiment sera en état constaté de malpropreté de faire, selon ce qui sera rapporté de cet état, recrépir ou blanchir à la chaux les murs et plafonds d'allées les murs de la cour, de l'escalier conduisant aux caves et de celui conduisant aux divers étages. Ils devront maintenir le sol ou pavé des cours en bon état de façon à ce qu'il ne s'y forme aucun creux où les eaux puissent croupir.

ART. 35. — Tout propriétaire de latrines établies sur les escaliers, dans les allées et cours intérieures devra les maintenir dans un état constant de propreté, les fermer par des portes qui devront rester closes de manière qu'il ne s'en échappe aucune émanation.

DISPOSITIONS GÉNÉRALES

ART. 36. — Les directeurs, concierges, portiers et gardiens des établissements publics sont responsables, en ce qui concerne les dits établissements, de l'inexécution de toutes les dispositions ci-dessus.

ART. 37. — Sont abrogés tous les articles et dispositions des règlements existants, ainsi que tout règlement antérieur qui seraient contraires au présent arrêté.

ART. 38. — M. le Commissaire de police,

les agents sous ses ordres, M. l'Architecte-Voyer et les employés de son service sont chargés, chacun en ce qui le concerne, d'assurer l'exécution du présent règlement.

Fait en l'Hôtel-de-Ville, à Saint-Malo, le 17 février 1886.

Le Maire, PAUL FOLLEN.

Vu par nous, Préfet d'Ille-et-Vilaine
Rennes le 20 février 1886
Pour le Préfet
Le Secrétaire général délégué
P. LE PAGE

Saint-Malo — Imprimerie du Commerce, Y. Billois.

Ce n'est rien de faire des LOIS, le tout c'est de les faire respecter.

LYCURGUE.

—

Amicus Plato, red magis amica LEX

SOLON.

—

Si elle n'est égale pour tous, pas de LOI plutôt.

LYNCH.

LE
VIEUX CORSAIRE

(6ᵉ année)

Journal des Intérêts locaux

DES PLAGES

De la Marine, du Canotage, etc.

PUBLICITÉ TOUTE SPÉCIALE

Paraît le Vendredi

————∘○○∘————

ABONNEMENTS		
Un an	**8** fr.
Six mois	**5**
Trois mois ...	**3**

www.ingramcontent.com/pod-product-compliance
Lightning Source LLC
Chambersburg PA
CBHW060713280326
41933CB00012B/2413